108

LOS VERSOS DE CORDELIA

A Solo un Paso

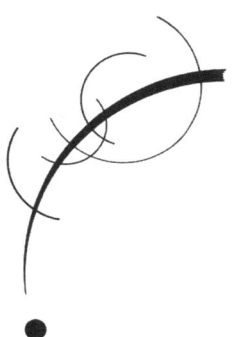

Primera edición en LOS VERSOS DE CORDELIA, marzo de 2026

Edita: Reino de Cordelia
www.reinodecordelia.es
🅧 🄸 @reinodecordelia 𝐟 facebook.com/reinodecordelia
▶ www.youtube.com/c/ReinodeCordelia01

El papel utilizado para la impresión de este libro, fabricado a partir de madera procedente de bosques y plantaciones sostenibles, es cien por cien libre de cloro y está calificado como papel reciclable

Cubierta: Detalle de *Sign Rows* (1931), de Vasili Kandinski

IBIC: DCF | Thema: DCF
ISBN: 979-13-87599-45-4
Depósito legal: M-6344-2026

Diseño y maquetación: Jesús Egido
Corrección de pruebas: Pepa Rebollo

Imprime: Técnica Digital Press
Impreso en la Unión Europea
Printed in E. U.
Encuadernación: Felipe Méndez

A Solo un Paso

José María Velázquez-Gaztelu

Índice

Encuentros y travesías   15

Al otro lado   17

Te ignora   19

Origen   21

Cercanía   23

Estación terminal   25

Compañías   27

Crónica   29

Viajes y recordatorio   31

La llave   33

Tránsito   35

Paisaje   37

Variaciones   39

El fruto de La Perla de Parpalana   41

Testimonio de la claridad   43

Narciso ante el abismo	45
Antes del alba	47
Danza	49
La rosa de J.R.J.	51
Recordatorio	55
Por dentro	57
En la agenda	59
Revelación	63
Donde se ocultan los signos	65
Marina	67
Imaginario	69
Una visión	71
Quiromancia	73
Celebración	75
Salmo	77
El infinito	79
Aniversario (*tempus fugit*)	81
Desde lejos	83

A Nieves, siempre

Los sueños te llevan a un espacio
donde la vida empezó

Encuentros y travesías

En su palacio desierto descansa tenaz la sombra,
rescoldo de sudor frío,
aprovechar el silencio
para iniciar la escapada, ir a su encuentro, me espera
en el fondo sin horizonte
de una ciudad de niebla
que permanece vacía.
Llegas, padre, hasta el espacio
que vibra por las esferas
donde se velan los sueños,
has venido a recordarme,
a mirarme fijamente, a pedirme que me quede
en la tibia dimensión de tu universo dormido,
me atrapas en el umbral con llanto que se prolonga

en una noche sin tiempo,
no reconoce Crusoe la clave de los naufragios,
pasa veloz el halcón
que cruza y rompe la bruma,
nadie responde en los templos
donde brotaron salmodias, cantos
donde surgieron orillas,
una llamada furtiva, lejana voz apagada, es el adiós más suave
cuando se va la existencia, instantes perecederos,
figuras que se suceden, revelaciones que oscilan
entre la sombra y la luz, son los impactos del tiempo,
espiral de profecías, eclosión de la memoria,
celebración de fugaces
despojos que nos deslumbran,
la vida entera transcurre
sobre la breve mirada
que emana de los espejos,
vigilia de los silencios,
el camino sin señal para el viajero en la noche.

Al otro lado

AL OTRO LADO del tiempo un resto de niebla turbia,
estaciones oxidadas, los cuerpos arrinconados,
las caravanas que esperan
en los siglos de silencio, solo el viento mineral
sobre campos sin retorno, el rito fugaz de voces
cuando no existen recuerdos,
el rostro blanco te habla
asomándose al desierto,
al otro lado del tiempo las calles deshabitadas,
el grito desde la torre, las huellas que no conoces,
al otro lado del tiempo
el camino se bifurca, es el signo de la esfera,
dimensión en que los sueños
te llevan hasta el espacio

donde la vida empezó, donde cayó la primera
gota de fuego en los ojos,
al otro lado del tiempo
el fondo del astro oculta
sonidos de luz del alba,
pasos de la eternidad.

Te ignora

Es la mirada que esconde su vuelo y deja fijado el enigma,
es la mirada de incierto destino que flota en el aire,
secuela del último rayo, luz en los ojos de un ciego,
luz que se queda en mis ojos, que marca la historia que nunca se escribe,
es la mirada que inicia preguntas, que cierra las puertas,
es la mirada que abre sigilos,
deslumbramiento, súbito miedo de la mirada que viene de cerca
sin voz y sin fuego, o viene lejana por la infinita
tormenta perdida en el sueño, no tiene distancia,
en dimensiones ocultas transita sin tiempo,
mirada punzante, no sometida, que envuelve el espacio,
es la mirada que cambia una vida
y deja un rescoldo de oscuro recuerdo,
mirada ya para siempre clavada sin una respuesta.

Origen

ARRIBA, HACIA LO OSCURO, camino de lo incontable,
perplejidad del corazón que no llega a soportar
el impacto cuando intenta sumergirse
en un espacio sin tiempo,
sin linde para la luz, sin término para la sombra,
sin la presencia del aire y sin palabras,
absoluta soledad, la inmensidad del silencio,
ausencia de los latidos que acompañan a la vida,
que son razón de la vida, el mundo fuera del mundo,
ingrávido, sin señales, la materia inexistente,
la fluctuación del vacío sin rituales ni emblemas,
aquí no habitan las formas ni permanecen las voces,
no hay campo de las estrellas,
flotas en lo intangible, en la magnitud velada,

en la esencia interminable sin salida y sin retorno,
sin vestigio del presente, acercándote al origen,
hasta el punto de partida que no contempla el pasado,
hasta el fin que en su quietud va devorando el principio
del ser que desaparece
y se diluye en el sueño donde gravita la nada
sumergida en la infinita dimensión de lo invisible.

Cercanía

EL RECUERDO viene del sueño
rescatando la forma viva,
una fuente, el lento vuelo del buitre
dentro de la catedral,
la efigie que me responde
en un espacio sin tiempo,
el eco de tu palabra
que se graba para siempre
y se repite en la luz
que de la memoria llega,
la risa de los jardines,
el baile del escenario,
la realidad más precisa
de la presencia inmediata,

el ritmo de la mirada
que se detiene en el aire.
El sueño, inagotable viaje,
cascadas paralizadas,
mares sin horizonte,
una llamada, una voz
desde un rostro que ha cambiado.
En el espacio, la libertad de la noche,
la desnudez en la imagen,
el manantial de unos ojos,
de unas manos en la orilla.
Los cuerpos se reconocen
en el silencio del sueño.

Estación terminal

CAMINAS por las regiones
donde los pasos encuentran
el mundo que restituye
sueños que nunca tuviste.
Te has asomado a la sima
de las preguntas de hielo,
del rostro que se desliza,
que es vagabundo y viaja
por los desiertos de piedra
en los que no hay nada escrito.
Te vuelves hacia el silencio
donde perduran las huellas
de voces deshabitadas
a las que nadie contesta.

Es el viaje continuo,
el tiempo que se diluye,
una llamada en el muro,
una respuesta de sombra.
Nadie te espera al final
de la habitación vacía.

Compañías

«...cuando tú desapareces,
ese todo te envuelve».

OLGA PERICET

EL CADÁVER a mi lado permanece, me sigue, me acompaña y le pregunto pero siempre que lo miro me ignora y no me responde. Olga, la diosa que habita en los bosques, me mira con sus ojos cargados de escenario y avanza por el hielo de las pistas con música de luz. Quisiera, me suplica, a tu lado morir; después regresaremos a una vida que nunca será igual a la que tienes Olga camina señalando el laberinto, retira su mirada de la mía, se ocultan las señales, el ocaso entre los labios, el vacío, el cuerpo que navega en la noche al lado del cadáver que me habla y soy yo mismo.

Crónica

EL VUELO de la garza cuando amanece
surca el lago rasante de superficie dormida
envuelta en su ataúd dorado.
Ahora queda el silencio
de las palabras que mueren;
solo dura la tibieza de un liviano resplandor
después de la noche agria
en la explosión de las llamas.
Un grito en el ventanal
con el cuerpo desplomado
hundiéndose en el vacío,
cien ojos que se deslumbran
en la estampida del fuego
en esta región turbada.

Un rayo en la multitud,
el crepitar de la huida en tromba hacia los pantanos,
el trueno de las tanquetas
junto al temblor de los labios,
desgarro final en feria de carroñeros y cuervos
sobre los cuerpos inertes,
la visión que al despertar va conduciendo mis pasos
al interior de la gruta donde el latido me lleva
hasta la voz de Juan Gelman,
el péndulo que señala
el ritmo de un sueño roto
en la soledad del mundo.

Viajes y recordatorio

EN EL VIAJE por tierras húmedas,
en un llano sin fronteras, pasó de largo,
increpando, una pregunta
bajo un cielo que por la noche
se abría hacia el infinito, una pregunta
en el crepúsculo envuelta,
en luciérnagas de tempestad,
en lluvia cuando descienden
las tibias constelaciones,
Puerto Rosario,
el eco de la sirena
de un barco por el inmenso
torrente del Paraná, orugas de terciopelo,
dónde me encuentro, pregunto,

en territorio de halcones,
sin habitantes, se oculta en el horizonte
tu voz de agua, tu voz
en la memoria perdida,
dónde me encuentro,
la Cruz del Sur marca el rumbo
de navegantes,
el trueno de las estrellas
fugaces rompe el silencio,
el licor sobre anaqueles
de libros que ya olvidaste,
una llamada en la puerta
de un hotel de Copenhague,
una pregunta en silencio
sobre el sueño de la Pampa
penetrando en la guarida
de Michel Eyquem de Montaigne,
la torre final que aguarda
el incendio de las respuestas.

La llave

Una puerta,
al otro lado
la vieja catedral que se envuelve en el silencio;
dos puertas,
al otro lado el camino sinuoso
y el cachorro devorando los restos después de la batida.
Una puerta sobre el llano
que detiene
la luz de las miradas.
Al otro lado de esa puerta un sendero sin salida
interrumpido por un lienzo
de Banksy en el que un niño
deposita monedas en la mano
de un hombre que está muerto.

Viajar al otro lado
de la puerta que siempre está cerrada.
Llamada sin respuesta
en espera de la turbia multitud
tendida sobre el atrio donde el tiempo ya no existe.
Al otro lado
las voces indefensas,
la ventana hacia el abismo,
la nada final sin horizonte.

Tránsito

LA VIDA CRUZA, fugitivo resplandor
en el ritmo inalterable de la efímera existencia.
Miras hacia el vacío acompañado de sombras,
caminas sigiloso sobre un rescoldo del mundo
al que le faltan las manos, al que le faltan las alas,
sin música en el espacio buscas la luz que se ausenta,
en los ladridos indagas, en los antiguos mercados
de las calles sinuosas donde fermenta el olvido,
donde se pierden los ecos del canto de los proscritos,
bombas sobre la noche de bibliotecas lejanas,
las catedrales ardiendo, rastreas en el silencio
de puertas que se han cerrado, palpas sobre la mesa
con rastro de ritual, de túnica y vaticinio,
la vida otra vez sucede en su dimensión desnuda,

la vida que se evapora entre las manos perplejas,
es la extinción del camino que no permite el regreso,
el latido de un momento que hacia el fin se desvanece.

Paisaje

EL VÉRTICE de palabras, en el olvido las voces
en otro tiempo campanas, destello transfigurado
cuando la noche era el mar, un cuerpo en sombra camina
buscando por el silencio de selvas recién quemadas,
templos que fueron cantos, playas que fueron vida
en músicas de agasajo, torres que fueron luces
hundidas en tierra inerte, vientos sin libertad
en las regiones que ocultan sendas de laberinto,
el ritual sumergido en las canciones de ciego.

Variaciones

Efímero jardín mientras la luz espera,
mientras la luz aguarda para inundar
las regiones que fueron turbias,
carbonizadas en grito que vuelve la tierra opaca.
Heráclito mira este río, sumerge su cuerpo frágil
en el torrente impreciso,
en el devenir incierto de las aguas inestables,
el hoy no es el ayer,
el mañana se transfigura
en sombras inesperadas
o luz que nace de nuevo,
que nunca será la misma,
de claridad diferente.
La voz que viene de lejos y desde lejos te envuelve,

la voz que latió más cerca y entonces ya fue distinta,
el viento redime el canto
que emana de las esferas,
próximo y al mismo tiempo
remoto y perturbador,
varía la dirección, cambia el color de la esencia
de un rumbo desconocido,
sobrecoge el resplandor que de la música surge,
la música que te acompaña
y te abandona después, aquí el desierto fue bosque
y en esta región de piedra
el mar aplacó sus olas en estaciones volubles,
hubo sol en la comarca
donde la tierra anochece,
tiempo que se detiene en pleno deslumbramiento,
el tiempo sin fin, mudanza, alteración de los ritmos,
el ritmo del corazón es el tiempo liberado,
independiente en su vuelo, emancipado del cambio,
sublevación de la vida en los cuerpos infinitos.

El fruto de La Perla de Parpalana

A Fermín Lobatón

En la honda campanada del bosque vivo
está el origen, la sustancia vegetal,
la efervescencia, el inicio,
el rumor de los sonidos
primeros de la memoria.
Desde los atrios lejanos
encontramos resplandor, música transparente
de noche virgen que encierra
el aire que pasa indemne
atravesando el cristal
de espacio transfigurado.
Levadura, extenso manto,
velo con marfil de nata
en el jardín que perfila

el líquido que está escondido,
la existencia jubilosa del cultivo al crepitar
en el leve recipiente
con alas de lucidez.
Son los cantos de lo oculto,
la danza de lo invisible, el silencioso secreto
creciendo en noble botella
de donde surge la flor en la que nace el prodigio
para guardar la presencia
de un tiempo con plenitud.

Testimonio de la claridad

IRRUPCIÓN ELEMENTAL de la claridad perfecta
entre la vida y la muerte
que en un instante te ciega.
Cierro los ojos: por dentro
queda palpitando el eco,
abro los ojos y cambia
las dimensiones del aire,
súbita aparición, llamarada,
no existe el mar
ni la memoria perdura
con su lastre sumergida, relámpago pasajero
sin los recuerdos, sin la tibia evocación,
solo silencio desnudo,
destello no fragmentado,

totalidad sin medida,
sin límite en el espacio,
libre en su resplandor,
la luz, ¿la luz?:
viva revelación sin nombre.

Narciso ante el abismo

No BRILLA en el espejo tu gesto ni tu sombra,
no admite la llamada de los seres
que buscan salvación en los reflejos,
no absorbe ni el calor ni el temblor de lo tangible,
no escruta la ceniza ni las alas.
El espejo, que no te reconoce, se niega a percibir
la vida que proclaman los amantes,
los cuerpos que declaran su esplendor,
demandas en el mar pulimentado
respuestas que nunca llegarán,
el espejo no capta tu mirada,
ciego de ti mismo has dejado de existir,
no aparece la tenue cicatriz de tu mejilla,
tus ojos se extravían, se inundan de vacío,

no encuentras a tu imagen, se ausenta del espejo,
solo, delante de tu rostro,
el abismo final de la gran noche.

Antes del alba

A Luis Eduardo Aute,
in memoriam

EN LA INMENSA pared blanca
vemos los resplandores del tiempo,
aquí se escriben palabras y es durable la memoria,
aquí se oculta el testigo
de las voces que recogen
resonancias de otros siglos.
Fluye el mundo sigiloso y deja su ritmo abierto,
la tierra de los destinos, tensado lienzo del sur,
el perfil de los amantes fundiéndose en ese blanco
donde se imprime la huella
de la derrota y la gloria, de la pasión alumbrada
por un reflejo fugaz. En esa pared cayeron
los rostros ciegos vendados, resbalando sus vestigios
de un color que no borraron los himnos ni las edades,
la noche puso tinieblas en ese muro encalado,

cruzan salmos trasparentes, las fiestas del espejismo,
son de luz en llamaradas, luciérnagas del eclipse
con miradas que atraviesan escenarios de mendigos
en cantos de madrugada, las manos que trazan signos,
la infinita pared blanca en silencio ve pasar
el carnaval sin fronteras donde se esconde la vida.

Danza

En esta esquina del tiempo
las claves del laberinto recobran trozos de vida
para alimentar espacios,
para llenar los paisajes
de lluvias y de palabras y de orillas sin fronteras,
de noches iluminadas
en fiestas de pedrería
y adivinar el camino de una mirada y un gesto,
de la memoria que oculta
el latido de los cuerpos en fase de mar creciente,
la huella que depositan
sobre el corazón de piedra.
Ojos entre los troncos de lunar brillo furtivo,
el desierto que deslumbra, la abolición de las sombras,

el sendero que no acaba, que se esparce
por ramas de vuelo alto,
cavernas que esconden voces
en el fondo de la tierra, ecos que van marcando
el ritmo de las mareas,
de los pasos por el bosque, de los salmos
por las altas galerías
de los templos construidos
en valles sin horizontes, impulso de la cadencia
de las aves que retornan.
En la ruta del silencio navega el astro alentado
por el girar de la danza,
la música en su compás, latido final del mundo.

La rosa de J.R.J.

Se congregan mañanas incoloras
cuando vemos que se apaga la luz que envuelve un rostro.
Una mano advenediza se dispone a oscurecer
el calor de su presencia,
la pátina del tiempo.
Voluntad equivocada la que trata de cambiar
aquello que la vida ha construido,
como el trino o el rayo que deslumbra,
al modo de la mar que por la noche
del mundo se retira
o estalla en aluvión sobre la roca.
Los astros van marcando el ritmo inalterable
y al intento de invertir
el canto natural de un gesto claro,
este en máscara se torna.

El paso de la edad ha modelado
los surcos de la piel con la belleza
que indica noblemente la señal de lo vivido.
Es el trazo de la lluvia,
es la herida al descubierto,
son las marcas
que nunca se borraron,
lo que no se desvanece en la memoria,
la estela que rezuma una mirada
que negó detenerse con la nuestra
cuando más se requería.
Es el signo que ha dejado
el acto de impedir la libertad de una palabra
que tuvo que ser dicha en ese instante
y que ahora permanece ocultándose callada,
o el rastro pasajero de músicas hermosas
que entonces despreciamos y ya nunca volvieron.
Así nace el reflejo de la niebla en tu memoria,
las zanjas en la frente por el golpe
de los vientos que pusieron claridad entre las sombras,
así se va extendiendo

el pliegue que enaltece los párpados cerrados,
las huellas luminosas que dejaron en tu cuerpo
los cuerpos que has amado.
Así es la flor desnuda. No quieras alterar su transparencia.

Recordatorio

CIERRAN LOS OJOS de los recuerdos, ocultan el grito del escenario
para que guarden la muerte, descendimiento del velo,
los pasos por las alfombras esconden las cicatrices
de sangre virgen, explosión junto al mercado,
la mano que encubre surcos
envuelve con ritos vacuos el rastro de las cunetas,
de la secreta alambrada,
el saqueo de los vestigios en bailes de terciopelo,
antifaces, caras vendadas, burbujas de ceremonia
en fiestas cuando amanece
en las orillas del mar,
tiro en la nuca,
relámpago de la orquesta, el paño negro cayendo,
ofrendas para tapar los indicios, las ciudades secuestradas,

incautadas las palabras y las huellas
en despachos invisibles,
sustracción de la memoria, fraude y silencio,
el caminante que olvida ha perdido su destino.

Por dentro

No ME OYES hablar, me oyes morir;
no me oyes callar, me oyes vivir
porque resuenan por dentro
los círculos de la lluvia,
el resplandor de la fuente iluminando el camino
que no conoce fronteras, la libertad es el aire,
por dentro la luz rebosa,
la que entona y la que brota, manantiales
del puro resplandor que el alba amansa,
giro del fuego quemando, alas hasta la cumbre,
por dentro mi cuerpo vuela,
la orilla de los desiertos,
me envuelven todas las voces
libres de la materia,

por dentro la mano escribe
sobre la piel entregada, sobre la piedra lunar
el salmo de los planetas en mi respirar pausado,
por dentro la claridad, donde la mar no se oye,
te estoy nombrando por dentro, donde la vida celebra
el clamor en llamarada
de la región del silencio.

En la agenda

EL enemigo
invisible salió
de su guarida
derramando
líquido tóxico
en el armiño.
Estupor
en la ventana,
campo de niebla,
salto
del ciervo herido,
el grito,
eco
en el acantilado,

silencio
de la ciudad
que duerme,
la noche eterna
desmoronándose
en música
de lejanía.
Mancha
de aceite.
Se extiende
contaminando
sobre la piel
desnuda.
Ante la piedra,
el presagio;
frente al espejo,
veneno azul en la
copa
de un poema
que es la muerte
desecando

las palabras
de un mundo
que sin memoria
se apaga.

Revelación

Lo QUE EN LA NOCHE se esconde se enciende luego a la espalda
del decorado que oculta el fuego de un universo
que está empezando a nacer.
Fluctúa su resplandor ardiendo sobre la piel
de una existencia distinta.
La mano quiere tocar
la transparencia impalpable
de un ser que está iniciando el temblor,
que está empezando una vida
que ha dejado de ser esta
que en estos momentos vivo.
Se muestra siendo de un tiempo
anterior a cualquier tiempo.
Sin materia y sin sonido,

invisible a otras miradas,
habita en la ocultación
del círculo impenetrable.
Quien consigue descubrirlo
lo ciega su luz eterna,
y ciego
lo inunda su realidad.

Donde se ocultan los signos

DE LA FRANJA del abismo, sobre el vientre de la noche,
aparece el buscador que interroga en el vacío
y detecta las señales
que nacen sobre la marca
que guarda la sombra de lo inasible.
Explorador de dimensiones veladas,
ese viajero sin nombre
camina por los sonidos
de la música sin tiempo.
Se arrastra por las columnas
de los templos en ruinas, viaja hasta el infinito
donde no halla sosiego, inquisidor de las frases
escritas sobre papiros y en la corteza del tronco,
reptando por las cloacas

oscuras de los museos,
explora en el secarral,
lo que ocultan los desiertos,
indaga por los caminos que se abren a la mar,
en el grito y la tormenta,
tratando de averiguar en el silencio del alba,
intentando taladrar las puertas sobre los montes,
interrogar sin descanso
la destrucción de los muros
y descubrir los espacios que permanecen perdidos
al traspasar las fronteras donde se ocultan los signos
para encontrar la palabra
que alcance la redención.

Marina

Desde el espacio vacío que enmarca el aire,
cuando todo ha quedado en la quietud
de la perpetua vigilia,
surge la imagen en figuración inmóvil.
En el espejo del mar, liso, sin olas,
solo los cuerpos flotando
entre las aguas calladas.
Son los vestigios del hundimiento
que ha congelado el presente,
lámina fija, infinitud del momento,
testigos mudos de historias
que nunca jamás se escribieron.
Duerme la muerte junto a los restos
callados de eternidad,

sus ojos huecos preguntan
al universo desierto.
Ya no hay respuestas
para las sombras tendidas
sobre el paisaje infinito
que por la noche se apaga.

Imaginario

Es la imagen que aparece, la imagen pura,
desnuda de oropel y despojada.
No es un símbolo la imagen
ni etiqueta, es la esencia renacida,
el concierto fugaz de creación, abierto e incrustado
en la flor de eternidad,
la pasión de la existencia en imagen deslumbrada
a pesar de los despojos en que la dejan
el obsceno tribunal que manipula
el mundo y su naturaleza.
La imagen del amor a mi amor verificado,
invención que se deriva
hacia los sueños y los sueños se diluyen
y en cantos se transmutan.

La escritura que construye
una imagen del desierto y sus límites de sal,
los sonidos que viajan por la imagen
con los ritos de ceniza.
Fiesta de la imagen que ilumina
el universo y su lectura.
En la estela del lenguaje de la imagen sin fronteras
se oye el canto de la eterna libertad.

Una visión

Salta el chasquido de luz,
que es pulsación de silencio.
Con la noche de sigilo,
en fortuita apariencia,
me vi a mí mismo sentado
escribiendo ante la mesa,
o me he visto atravesando
un pasillo de aeropuerto
en un vuelo a Luxemburgo.
Soy el que a lo lejos se observa
en la dualidad callada.

Después de que esto ocurriera,
solo luminosidad

en prolongado mutismo.
Es un paisaje que adquiere
su dimensión verdadera
y toma forma exclusiva
en la pausa sin sonido.
Entre la luz y el silencio,
una visión de mí mismo.

Quiromancia

En la palma de tu mano están escritos
la vaciedad y el tumulto, en la palma de tu mano
se ve desde la altura como el mundo dormido gira
en un viaje de lentitud,
ajeno mientras la muerte rodea
las avenidas desiertas, los ríos y al solitario
que ciego va preguntando
por el bulevar del aire donde no logra encontrar
el profundo acantilado para su vuelo infinito.
No está clara la derrota en la palma de la mano,
ni los signos del diluvio
se dibujan con entera precisión.
No reconozco las marcas, los caminos se bifurcan,
las líneas van señalando

el abismo sin fronteras.
Cierro la mano, duerme el destino.
Déjalo volar sin rumbo.

Celebración

DE PRONTO súbito despertar,
la señal incandescente,
signo preciso que estalla
rompiendo el sueño,
veo que ni siquiera
surgen preguntas,
que canta el gallo en la estepa
entre dos lunas y anuncia
un tiempo desmesurado,
que alza su garra el lince
sabiendo que la captura
está a punto de saltar.
Premonición, es la hora,
de la estación terminal que indica

que la muerte ya no es futuro,
que ha llegado ese momento,
la ocasión de las burbujas
con los brindis transparentes
cubriéndome de luz mi luz
que se levanta con calma,
y es el último destello
inundando claridad.

Salmo

EN PAZ la conciencia de la luz,
en paz el vivir junto al olvido,
el espacio sin rostro y sin palabras.
Relegar el clamoroso
chirriar de la algazara,
regresar hasta el vacío,
flotar en una dimensión
envuelta por un tiempo
que no tiene señales,
tendido en los rescoldos
de un mundo que ha pasado,
de un mundo sin recuerdos,
que fue y que no vuelve,
al calor redimido de aquello
que ya nunca se espera.

El infinito

LA SOMBRA de la muerte que puedes
llegar a imaginar, los siglos
de los hombres observando
la honda oscuridad desde lo alto
de los templos, la ascensión hasta al menos vislumbrar
el eterno resplandor de un cielo inaccesible
sin luz ni tiempo ni materia.

El infinito que se escapa
del límite que impone el pensamiento
ante el abismo de la vida al otro lado,
sumergida en el fondo de la nada.

El niño desvalido contemplando
esa luz que no amanece
ni anochece, que respira en el vacío
de un viaje interminable
que no tiene regreso.

Aniversario (*tempus fugit*)

CADA VEZ QUEDA menos de las cosas
que veo oscurecer a nuestro lado.
La marca de las horas va a la inversa,
retrocede dejando a su paso un aluvión
de páginas en blanco
que nunca jamás serán escritas.
Anochece sin cesar con más urgencia,
y el día, sin notarlo, apenas dura.
Me restan muchos libros por leer,
mucha música guardada con la lluvia
y sentir nuevamente el caudal que me inundaba
en momentos colmados del amor y la vigilia.
El instante, efímera medida, transcurrió y ya no existe.
Ni siquiera en los recuerdos sucedió

lo que pienso que un día hubo ocurrido:
figuras que se agolpan,
los sonidos de algodón, turbulencias
de gestos sin memoria en señal de despedida.
El plazo se rompió, menguó, se descuartiza,
se achica el horizonte, lo alcanzo con los dedos
de una mano en temblor que va rozando
el rescoldo de la vida.
Ya todo ha declinado.
Saludo final y no hay retorno.
Camina despacio el corazón por las palabras
que nunca se dijeron, aquellas que quedaron
pendientes del silencio.
Acudo a la llamada de las sombras
que pueblan los espacios en los que habito.
Son las voces de aquellos que se ocultan
en otra dimensión
y reclaman mi presencia
callada pero viva en el paso que señala
un tiempo derrotado que despacio se diluye.

Desde lejos

Ahora que entre tú y yo
existe solo el vacío;
ahora que permanece la nada limpia
porque únicamente somos
presencias imaginadas
y sin refugio en los cuerpos;
ahora que tu mano invisible avanza
hacia mi rostro ciego,
¿cuánto queda de aquello
que quizás
nunca existió?

Esta primera edición
en LOS VERSOS DE CORDELIA de
A SOLO UN PASO
se acabó de imprimir
en la primavera de 2026

LOS VERSOS DE CORDELIA
ÚLTIMOS TÍTULOS PUBLICADOS

93 La Sombra de Drácula
ANTOLOGÍA DE POEMAS VAMPÍRICOS
Edición de Antonio Lafarque

94 Ley de Fugas
Juan Lamillar

95 Carreteras que Brillan en el Bosque
XXVII PREMIO DE POESÍA CIUDAD DE SALAMANCA
Ramiro Gairín

96 Antes de que Google nos Alcance
Julián Quirós

97 No Estar Complica el Irse
IV PREMIO NACIONAL DE POESÍA CIUDAD DE LUCENA - LARA CANTIZANI
Luis Felipe Comendador

98 La Duermevela es una Lejanía
Fernando del Val

99 El Rumor de la Ceniza
XXXI PREMIO DE POESÍA CÁCERES PATRIMONIO DE LA HUMANIDAD
Bruno Pardo Porto

100 Cuaderno de Vacaciones
LA BIBLIOTECA DE LUIS ALBERTO DE CUENCA
Luis Alberto de Cuenca
Edición de Daniel Migueláñez

101 Así es la Rosa
ANTOLOGÍA DE POESÍA ESPAÑOLA
Edición de José Esteban

102 El Coraje
José Luis Pérez Pastor

103 Un Mar que Nadie Mira
46 PREMIO KUTXA FUNDAZIOA DE POESÍA EN CASTELLANO
Marina Casado

104 Hebras de Sílabas
José Luis Puerto

105 Sol y Sombra
XXVIII PREMIO DE POESÍA CIUDAD DE SALAMANCA
Mercedes Escolano

106 El Íntimo Cuchillo
Pedro López Lara

107 Google Maps No Responde
V PREMIO NACIONAL DE POESÍA CIUDAD DE LUCENA - LARA CANTIZANI
María Rosal

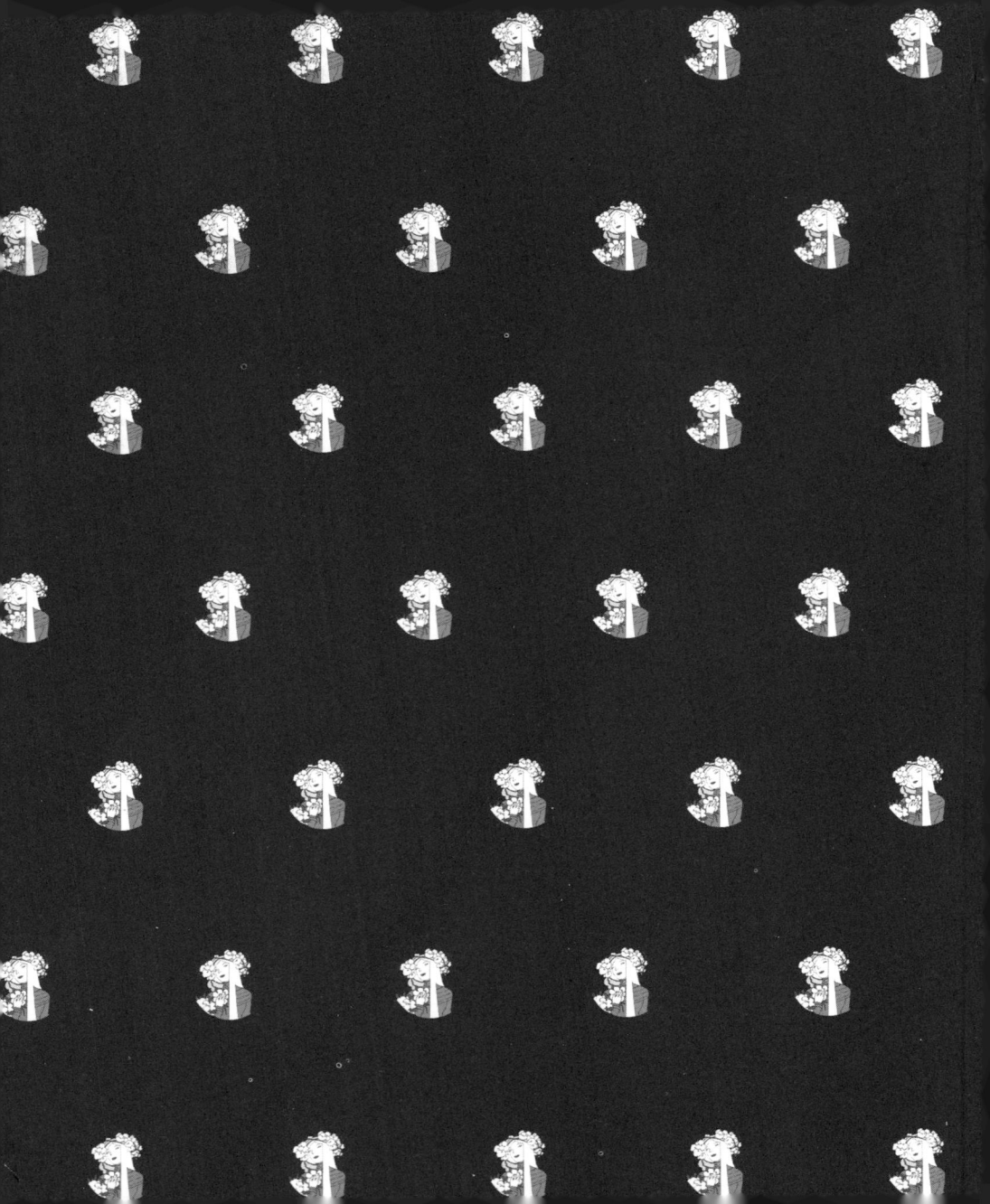